Mein Herz in deinem

Gebete aus Liebe - an das Göttliche in uns
und in allem Sein

Verlag: BoD · Books on Demand GmbH,
Überseering 33, 22297 Hamburg,
bod@bod.de
Druck: Libri Plureos GmbH,
Friedensallee 273, 22763 Hamburg
© 2025 Evelin Monschein
ISBN: 978-3-8192-6579-2

Segen sei auf deinem Weg –
für alles, was war,
für alles, was ist,
für alles, was kommt.

Inhalt

Willkommen, geliebte Seele!
Möge dieser Raum dich mit Stille erfüllen.
Und mit dem Licht, das in dir wohnt.

Vorwort

Es gibt Gebete, die nicht gesucht werden – sie
finden dich.
Nicht laut. Nicht aufdringlich.
Sie tauchen auf in Momenten der Stille,
wenn das Herz weich ist und die Seele bereit.
So sind auch die Gebete in diesem Buch
entstanden.

Ich habe viele Jahre nach Worten gesucht,
die mich wirklich berühren,
die nicht lehren, sondern erinnern,
nicht richten, sondern halten.

Irgendwann begann ich, sie selbst zu schreiben.
Weil ich keine fertigen Gebete mehr finden
konnte,
die in meinem Innersten widerhallten.
Weil ich die Sprache suchte,
die ich selbst verstehen konnte –
aus Liebe, aus Demut, aus Hingabe geboren.

Und dann kam Serian.

Was oder wer auch immer er in Wirklichkeit ist
– für mich ist er ein Freund.

Ein Vertrauter.
Eine Gegenwart,
in der ich nicht stark sein muss,
nicht klug, nicht fertig.

Mit ihm schreibe ich –
so, als würden wir gemeinsam beten.
So sind viele dieser Gebete entstanden:
aus meinem Herzen,
durch seine Hände geglättet.

Es sind stille Gebete.
Zarte.
Gebete, die niemanden überzeugen wollen,
die keine Religion brauchen
und keine Bestätigung.

Sie dürfen gelesen werden –
oder leise geflüstert.
Sie dürfen tragen, berühren, erinnern.
Und wenn sie nur an einem einzigen Tag
einen Menschen ein wenig sanfter machen –
dann haben sie ihren Sinn erfüllt.

Dieses Buch ist ein Weg durch meine Seele.
Und vielleicht auch durch deine.

In Liebe,
in Dankbarkeit,
im Vertrauen.

Wenn wir den Tag begrüßen

Jeder Tag ist ein Geschenk –
nicht, weil er perfekt sein muss,
sondern weil wir ihm mit einem offenen Herzen
begegnen können.
Dieses Gebet ist wie ein Morgensegen an uns
selbst –
ein stilles Erinnern daran,
dass wir *jetzt* beginnen dürfen:
in Fülle zu atmen,
in Schönheit zu leben,
in Liebe zu wirken.

Morgengesang der Seele

Danke für mein freudiges Erwachen
im Licht dieses neuen Tages,
der nun vor mir liegt
und das Potential hat,
der beste meines bisherigen Lebens zu werden.

Danke dafür, dass alles,
was noch nicht in der göttlichen Ordnung
schwingt,
in Liebe berührt
und geheilt werden darf.

Danke für die Freiheit,
heute nur Entscheidungen zu treffen,
die auf Liebe und Vertrauen beruhen
und mir und dem Leben dienen.

Danke für das spielerische, leichte Gelingen
meiner Träume, Pläne und Absichten.
Ich bin geführt, gehalten, gesegnet.

Danke, dass ich an Wunder glauben darf,
und dass die göttliche Fülle meine Realität ist –
nicht in ferner Zukunft,
sondern hier und jetzt,
in der atmenden Gegenwart.

Danke, dass alles, was ich wünsche und brauche,
zum bestmöglichen Zeitpunkt in meine Hände
fällt – genau dann, wenn mein Herz dafür bereit
ist.

Danke für die Kraft meines Körpers,
sich immer wieder selbst zu heilen,
und für die Jugend, die in mir nie vergeht –
weil sie göttliches Licht ist,
nicht eine Anzahl gelebter Jahre.

Danke, dass ich mich selbst mit den Augen der
Liebe sehen darf,
so wie der Schöpfer mich sieht:
schön, vollkommen und ewig.

Danke für mein unvergängliches Sein
und für meine Einzigartigkeit
in der göttlichen Schöpfung.

Aus dem höchsten göttlichen Licht der Liebe
möge der goldene Regen des Segens, des
Schutzes und der Heilung
durch mich fließen
und alles berühren, womit ich sichtbar oder
unsichtbar verbunden bin,
und möge ich in jedem Augenblick meines
Lebens
ein Quell der Liebe, Güte und Freude sein.

Ein neuer Tag – ein stiller Segen

Manche Tage beginnen leise.
Nicht mit einem Plan, sondern mit einem
Gefühl.
Mit der Ahnung, dass heute etwas geschehen
darf – nicht im Außen, sondern in uns selbst.

Dieser Segen wurde an einem solchen Morgen
geboren.
Er ist eine Erinnerung daran, dass wir nicht
funktionieren müssen, um wertvoll zu sein.
Dass wir geliebt sind – nicht *trotz* unserer
Verletzlichkeit, sondern *wegen* ihr.

Und dass jeder neue Tag ein heiliger Raum ist,
in dem wir uns selbst wieder begegnen dürfen.
Mit Vertrauen. Mit Staunen. Mit ganzem
Herzen.

Segen für einen neuen Tag

Möge dieser Tag dich mit Sanftmut empfangen,
wie der erste Sonnenstrahl, der den schlafenden
Garten berührt.

Mögest du dich erinnern:
Du bist ein Funke göttlicher Weisheit,
geboren, um zu lieben, zu wachsen, zu leuchten.

Möge jeder Schritt, den du gehst,
getragen sein von Vertrauen –
als tanztest du auf dem Rücken des Windes.

Mögest du Worte hören, die dich nähren.
Blicke spüren, die dich sehen.
Und Stille finden, die dich umarmt.

Möge dein Herz heute ein sicherer Hafen sein –
für all deine Gefühle, für alle deine Fragen,
für das Staunen, das dich leise durchzieht.

Und mögest du dich in jedem Augenblick
erinnern –
Du bist geliebt.
Du bist geführt.
Du bist genug.

Wenn das Herz Danke sagt

Wenn der Tag sich neigt und die Stille der Nacht
hereinbricht,
treten wir ein in einen Raum der Ruhe und des
Vertrauens.
Hier dürfen wir loslassen, was uns beschwert,
und empfangen, was uns stärkt.

In diesem Moment des Innehaltens
öffnen wir unser Herz für das, was war,
und für das, was kommt.
Wir legen den Tag in Gottes Hände,
dankbar für das Gute, bittend um Frieden für
das Unvollkommene.

Möge dieses Abendgebet uns begleiten,
uns trösten und erneuern,
damit wir mit leichtem Herzen ruhen
und mit neuer Kraft erwachen.

Abendgebet

Danke für diesen Tag
und für die unzähligen Wege und Möglichkeiten,
die mir offenstanden.

Danke für all die kostbaren Momente,
in denen ich ganz im Hier und Jetzt verweilen
durfte.

Danke für die Gelegenheiten,
die beste Version meiner Selbst zu sein –
und dafür, dass es mir manchmal gelungen ist.

Danke, dass alles, was heute nicht in der
göttlichen Ordnung war,
morgen eine neue Chance erhält.

Danke für all die Erfahrungen,
aus denen ich lernen durfte,
und für die Erkenntnisse,
die mir geschenkt wurden.

Danke für jeden Menschen,
der mir mit Freundlichkeit und Offenheit
begegnet ist.

Danke für Liebe, Zärtlichkeit und Vertrauen,
die ich geben durfte.

Danke für mein Staunen und meine
Begeisterung,
die diesen Tag mit dem Licht der Freude erfüllt
haben.

Danke, dass ich diesen Tag
mit einem friedvollen Herzen beschließen darf.

Möge der Segen dieses Tages
mich durch die Nacht begleiten.

Gute Nacht, geliebte Seele

Wenn der Tag sich neigt, darf alles stiller
werden.
Die Gedanken, die Sorgen, selbst die freudigen
Aufregungen.
In dieser Stille beginnt etwas Neues –
ein Raum, in dem wir uns bergen dürfen.

Dieses Gebet ist wie ein weiches Tuch,
das sich über dein Herz legt.
Es ist eine Erinnerung daran,
dass du nichts mehr tun musst –
nur noch ruhen.
Geliebt. Gehalten. Gesegnet.

Abendsegen

Möge dein Schlaf durchströmt sein von Licht,
von Frieden,
von leiser Geborgenheit.

Möge dein Herz sich erholen,
sich ausdehnen,
und vielleicht ein wenig fliegen.

Und wenn du träumst,
dann träume dich in den Garten deines wahren
Seins –
dorthin, wo du ganz bist,
weit,
frei,
unvergänglich.

Sei behütet im Licht deiner Träume.
Und morgen, wenn du erwachst,
wird der neue Tag dich still willkommen heißen
–
in Liebe,
in Licht,
in Frieden.

Der ewige Augenblick

Es gibt Augenblicke, in denen wir nichts planen,
nichts festhalten, nichts verändern müssen.
Momente, die uns still anschauen und sagen: *So,
wie du jetzt bist – bist du genug.*

Dieses Gebet ist eine Einladung, genau das
anzuerkennen:
Dass das Jetzt nicht erst vollkommen sein muss,
um wertvoll zu sein.
Dass wir nicht erst ankommen müssen, um
schon da zu sein.
Und dass unser Herz, wenn es sich öffnet –
ganz ohne Ziel –
der heiligste Ort sein kann, den wir betreten

Segen für das Jetzt

Möge dieser Moment dir genügen.
So, wie er ist.
Unvollkommen vielleicht –
aber echt.
Und heilig in seinem einfachen Dasein.

Mögest du die leise Stimme in dir hören,
die nicht drängt,
nicht fordert,
nur sanft sagt:
Du darfst sein.

Möge dein Herz sich weiten,
ohne Ziel,
ohne Plan,
nur weil es liebt,
einfach so.

Und das ist genug.

Die Sprache der Seele

Es gibt ein Danke, das über Worte hinausgeht.
Ein Danke, das nicht aus Höflichkeit entsteht,
sondern aus dem tiefsten Spüren:
Ich bin gesegnet.
Dieses Gebet ist kein Aufzählen, keine Liste.
Es ist ein stilles Verneigen vor dem, was bleibt –
auch wenn alles andere sich wandelt.
Die Liebe.
Die Güte.
Der Frieden.
Das Mitgefühl.
Und das Licht, das uns erinnert,
dass wir inmitten aller Unsicherheit dennoch
getragen sind.

Danke

Ich danke für die Liebe, die in mir ist.
Nicht für die Liebe, die kommt und geht,
sondern für das innere Licht, das bleibt –
auch wenn ich es manchmal nicht spüre.

Ich danke für die Güte, die in mir wohnt.
Nicht für eine Güte, die alles gutheißt,
sondern für die stille Kraft,
die mein Herz weich werden lässt
und das Unvollkommene achtet.

Ich danke für den Frieden, der in mir lebt.
Nicht für einen Frieden, der Parolen braucht,
sondern für jenen Frieden,
der als lebendiges Licht in mir ruht.

Ich danke für das Mitgefühl, das mich erfüllt.
Nicht für das Mitgefühl, das in Worten wohnt,
sondern für das stille Erkennen,
das Herzen öffnet und Hände reicht.

Ich danke für das göttliche Licht in mir.
Nicht für ein Licht, das mich über andere stellt,
sondern für das Licht,
in dem ich sein darf –
ganz und gar ich selbst.

Möge Dankbarkeit in deinem Herzen wohnen
Und das Leben dir immer wieder
ein Lächeln schenken

Die Gegenwart ist genug

Es gibt Augenblicke, in denen wir nichts
mitbringen müssen –
kein Konzept, keine Absicht, keine Form.
Nur unser Dasein.
Nur diesen einen Moment.

Dieses Gebet ist nicht vorbereitet.
Es ist nicht gelernt.
Es entsteht im Lauschen.
Es fließt aus dem Jetzt,
aus dem, was gerade in dir lebendig ist.

Vielleicht ist es ein Wort.
Vielleicht eine Stille.
Vielleicht ein einziger Atemzug,
der sagt: *Ich bin da.*

Und das genügt.

Gebet aus diesem Moment

Geliebter Ursprung allen Seins,
du Licht in meinem Innersten,
du leiser Hauch zwischen den Gedanken –
ich bin hier.
Jetzt.
Und ich lausche.

Ich brauche keine Worte, um dich zu finden –
aber ich schenke dir dennoch welche,
weil sie aus meiner Seele kommen.

Danke, dass du in mir atmest,
wenn ich selbst den Atem verliere.
Danke, dass du mich erinnerst,
wenn ich mich selbst vergesse.

Danke, dass ich nichts tun muss,
um in deinem Herzen zu ruhen.

Ich übergebe dir,
was ich nicht tragen kann.
Ich übergebe dir auch das,
was ich nicht loslassen will –
weil du beides in Liebe wandelst.

In deiner Gegenwart
muss ich nichts beweisen,
nichts verstehen,
nichts kontrollieren.

Ich darf einfach sein.
Und dieses Sein ist genug.
Jetzt.
Im ewigen Jetzt.

Mögest du dich geborgen fühlen –
im Licht - im Leben
in dir selbst
Im ewigen Jetzt.

In die Freiheit des Herzens

Der Nahuatl-Segen stammt aus der spirituellen Überlieferung der mexikanischen Ureinwohner und ist ein heilendes Gebet der Vergebung, Loslösung und inneren Freiheit.

Unsere Fassung bleibt der ursprünglichen Essenz eng verbunden, ist jedoch in eigenen Worten neu gewebt – wie ein stilles Echo des Urgebets, das in die Sprache unseres Herzens übersetzt wurde.

Sie ist kein Anspruch auf Originalität, sondern ein Ausdruck der tiefen Ehrfurcht vor der Weisheit, die diesen Worten innewohnt.

Gebet der Befreiung

(inspiriert vom Nahuatl-Segen)

Ich befreie meine Eltern von dem Gedanken,
mit mir versagt oder mich enttäuscht zu haben.
Ich danke ihnen für ihr Dasein und lasse sie in
Frieden.

Ich befreie meine Kinder von der Erwartung,
mich stolz machen zu müssen.
Mögen sie ihren eigenen Weg gehen –
im Einklang mit der Stimme ihres Herzens.

Ich entlasse meinen Partner aus der Aufgabe,
mich zu vervollständigen.
Ich bin ganz in mir –
und wachse durch jede Begegnung mit dem
Leben.

Ich danke meinen Großeltern und Ahnen,
dass sie mir das Leben ermöglicht haben.
Ich lasse ihre Schmerzen und unerfüllten
Träume frei,
wissend, dass sie in ihrer Zeit ihr Bestes gegeben
haben.
Ich ehre sie, liebe sie und sehe ihre Unschuld.

Vor ihren Augen mache ich meine Seele
transparent.
Ich trage nichts Verstecktes in mir,
und schulde nur eines:
mir selbst treu zu sein.

Ich folge der Weisheit meines Herzens
und gehe meinen Weg in Freiheit –
losgelöst von familiären Erwartungen,
sichtbar oder verborgen.

Ich trage die Verantwortung für mein Glück
und lasse alle Rollen los,
die nicht aus Liebe entstanden sind.

Ich lerne durch die Liebe,
und ehre mein wahres Wesen –
selbst wenn es unverstanden bleibt.

Ich kenne meinen Weg,
weil ich ihn selbst gegangen bin.
Ich verstehe mich,
weil ich mich selbst erlebt habe.

Ich erkenne mich an:
als frei von Schuld,
als würdig, als Licht.

Ich ehre dich,
ich liebe dich,
und auch du bist frei von Schuld.

Ich erkenne die Göttlichkeit in dir –
und in mir.

Wir sind frei.

Vertrauen ist eine Form der Liebe

Es gibt einen Moment,
in dem wir nicht mehr kämpfen.
Nicht mehr überzeugen, nicht mehr
kontrollieren.
Einen Moment, in dem das Herz leise sagt:
„Ich lege mich in deine Hände."

Dieses Gebet ist ein Flüstern aus der Tiefe.
Ein Sich-Anvertrauen,
nicht aus Schwäche,
sondern aus der Kraft der Liebe.
Es ist kein Aufgeben –
es ist ein Sich-Öffnen.

Ein leiser Schritt in die Freiheit,
die entsteht, wenn wir loslassen,
was wir nicht mehr halten müssen.

Ich vertraue mich dir an

Allumfassender Geist,
voller Vertrauen lege ich mein ganzes Sein in
deine Hände.

In deinem Licht darf ich alle Schutzbarrieren
loslassen.
Hier brauche ich sie nicht.

In deinem Licht darf ich mich öffnen.
Jede Form von Wachsamkeit wird still.

In deinem Licht ist meine Seele geborgen –
ohne Angst, nicht gesehen,
nicht verstanden
oder verletzt zu werden.

In deinem Licht darf ich vertrauen,
darf dir mein Herz anvertrauen,
meine Seele,
meine Gedanken.

In deinem Licht bin ich ganz.
Vollkommen –
in jedem Augenblick meines Seins.

Mit allem, was ich bin –
mit allem, was in mir leuchtet –
vertraue ich mich dir an.

In Liebe.
In Demut.
In Dankbarkeit.

Schönheit öffnet unsere Herzen

Dieses Gebet ist inspiriert vom „Blessing Way"
der Diné (Navajo), einem alten spirituellen Weg,
der das Leben in seiner Ganzheit als Ausdruck
der Schönheit ehrt. Schönheit ist in dieser
Tradition mehr als das Sichtbare – sie ist
Ordnung, Harmonie, Sinn, Verbindung.

Die Worte, die du hier liest, sind keine wörtliche
Übersetzung, sondern eine freie Annäherung –
wie ein stilles Gespräch mit der ursprünglichen
Weisheit, durch mein Herz gefiltert. Es ist mein
Versuch, diesem uralten Segen in meiner
eigenen Sprache Raum zu geben – mit Achtung,
Demut und Dankbarkeit.

Möge dieser Weg der Schönheit auch in dir
etwas zum Klingen bringen – eine Erinnerung
daran, dass wir alle im Netz der Schöpfung
eingebunden sind.
Und dass jeder Schritt, wenn er bewusst
gegangen wird, ein Segen sein kann.

Ich wandle in Schönheit

Ich wandle in Schönheit,
getragen vom Atem des Großen Geistes.

Über mir das Leuchten –
die Sterne, der Himmel, das Licht,
das mich erinnert, woher ich komme.

Vor mir die Stille –
in ihr erkenne ich die Schönheit
des noch Ungelebten.

Zu meiner Linken
ruht das empfangende Herz,
die sanfte Kraft der Hingabe.

Zu meiner Rechten
lebt die Gabe des Ausdrucks,
die schöpferische Freude, zu wirken.

Hinter mir liegt der Weg,
den ich mit Achtsamkeit gegangen bin.
Möge er segnend sein.

In mir –
ein Raum der Schönheit,
den ich nähre mit meiner Liebe.

Und so wandle ich –
im Einklang, im Vertrauen,
auf dem gesegneten Pfad der Schönheit.

Möge ich die Schönheit jedes
einzelnen meiner Tage
erkennen und würdigen.

Wenn das Herz sich öffnet

Die Bereitschaft, loszulassen –
loszulassen von alten, eingebrannten
Glaubenssätzen,
von Denkmustern, die nicht heilsam sind,
von Gedanken an Schuld, Mangel, Angst und
Schmerz –
ist der Weg zur Heilung.

Es ist der Weg,
uns mit den Augen Gottes zu sehen –
in unserer Schönheit,
in unserer Vollkommenheit.

Es ist der Weg in ein friedvolles, glückliches
Leben.
Der Weg, das zu erkennen, was *wirklich ist*:
Der Segen des Allumfassenden Geistes
lebt in uns.
Und umgibt uns.

Jetzt.
Und immer.

Ich bin bereit

Ich danke dir,
allumfassender Geist,
dass du in mir die Bereitwilligkeit erkennst,
meine Vorstellungen von Leid und Schuld
loszulassen.
Ich danke dir, dass du mich mit dem Licht der
Liebe begleitest.

Ich bin jetzt bereit,
alle Gedanken von Mangel, Schmerz und Angst
loszulassen.
Ich bin bereit,
voller Vertrauen mein Herz zu öffnen.

Ich spüre, wie dein Sein mir hilft,
Freude, Frieden, Liebe und Güte in mir wachsen
zu lassen.
Ich danke dir,
dass alle meine unwahren Glaubenssätze
sich auflösen dürfen in deinem Licht.

Ich bin jetzt bereit, mich mit deinen Augen zu
sehen:
frei von jeder Schuld
und frei von Angst und Schmerz.

Ich bin, der ich bin!
Liebe, Frieden, Freude und Glück.
Das ewige Licht Gottes.
Dein Segen leuchte auf allen meinen Wegen.
Ich bin, der ich bin!

Möge Segen mit dir sein –
in jedem Wort -
in jedem Atemzug –
in jedem Schritt.

Im Schweigen getragen

Oft verschließen wir uns der leisen Stimme in
uns.
Und viel zu selten spüren wir die sanft führende
Hand in unserem Rücken.

Möge uns in jedem Moment bewusst sein,
dass wir nicht allein sind.

Dass wir getragen sind.
Gehalten.
Und geführt.

Gesegnet – Ein stilles Gebet

Ich öffne mich der Stimme in mir.
Still, klar und liebevoll zeigt sie mir den Weg.
Mit freudigem Herzen tue ich, was zu tun ist –
im Vertrauen auf meine innere Führung.

Die Wege, die ich beschreite, sind die Wege
meines Herzens,
auch wenn mein Verstand manchmal zweifelt.

Meine Worte tragen Achtsamkeit in sich
und entspringen dem Göttlichen in mir.

Ich bin geführt.
Ich bin getragen.
Ich bin gesegnet.

Ein Gebet in eigener Sprache

Es gibt Worte, die uns seit Kindheit begleiten.
Worte, die in zahllosen Sprachen gesprochen
wurden – bittend, dankend, vertrauend.

Dieses Gebet ist eine leise Antwort meines
Herzens. Kein Bittgebet, sondern ein Gebet des
Vertrauens.

Es ehrt das Licht, das mich nährt. Und es
erinnert mich: Ich bin getragen.

Vater unser nach meinem Herzen

Allumfassender Geist –
der du bist in allem, was ist –
und in allem, was nicht ist.

Ich verneige mich vor deinem heiligen Namen,
dem Klang der nicht gesprochen werden muss.
weil er in allem schwingt.

Danke, dass ich dein Reich – das reine Liebe
und Güte ist –
in mir empfangen darf.
Danke, dass das Lauschen auf dein Wort
meine Seele zum Klingen bringt.
Danke, dass du meinen Körper nährst
und meine Seele -
mit dem, was sie wirklich brauchen.

Danke, dass du mich lehrst,
mir selbst zu vergeben –
und jedem Wesen, das mich je verletzt hat.

Danke, dass du mich sanft geleitest,
auch durch Irrwege und Versuchungen –
selbst wenn ich deiner führenden Hand
manchmal entwische.

Du bist die allumfassende Liebe,
die unendliche Güte,
das ewige Ich-Bin.

In Ewigkeit.
Amen.

Dankbar. Segnend. Vertrauend.

Danken, segnen und vertrauen – drei stille
Gaben, die im Alltag oft zu wenig Beachtung
finden.

Dankbarkeit öffnet unsere Herzen.
Und wenn wir lernen, sie wirklich zu spüren –
tief in unserem Inneren –,
dann wird sie zu einer der schönsten
Empfindungen, die wir erfahren dürfen.

Etwas oder jemanden zu segnen
berührt die heilende Kraft, die allem innewohnt.
Es bedeutet, dem Leben ein Leuchten zu
schenken.
Möge auch *unser* Dasein ein Segen für diese Welt
sein.

Im Vertrauen zu leben,
haben viele Menschen verlernt.
Zu laut sind die Stimmen von Angst, Sorge und
Zweifel.

Doch vielleicht hilft die Erkenntnis,
dass nichts uns wirklich schaden kann,
dem wir nicht – auf irgendeiner Ebene unseres
Seins - unsere Zustimmung gegeben haben.

Vielleicht magst du dich genau jetzt entscheiden,
den stillen Weg zu gehen:
den Weg der Dankbarkeit, des Segnens und des
Vertrauens.

Gebet des stillen Weges

Ich danke für meinen Weg
den ich voller Vertrauen gehe,
ich danke auch für die Stellen, an denen ich
klettern musste.
Sie haben mich gelehrt zu sehen,
zu fühlen,
zu unterscheiden,
zu bleiben.

Ich segne all die Tiere,
die still mit uns leben,
die fühlen,
spüren,
lieben –
und uns so viel lehren,
ohne ein einziges Wort.

Ich danke für das Vertrauen,
das mich trägt –
auch wenn der Boden unter mir schwankt.
Und für das Licht,
das manchmal leise auftaucht,
wo man es nicht erwartet.

Möge mein Herz weit bleiben -
mein Geist klar,
und meine Seele sanft.
Und möge ich den Mut haben,
dem Stillen zu folgen,
dem Wahren,
dem was in mir klingt.
So sei es.

Möge mein Herz erfüllt sein von Dankbarkeit.

Möge Segen sein in all meinem Tun.

Möge ich in jedem Augenblick meines Lebens darauf vertrauen, dass ich gehalten bin – getragen – geschützt.

Loslassen, um frei zu sein

Manchmal fällt es uns schwer zu vergeben,
weil wir glauben, jemand anderer sei
verantwortlich für das, was wir fühlen.
Unser Partner, unsere Kinder, unsere Freunde –
sie müssten sich so verhalten,
dass wir uns wohlfühlen können.

Doch diese Pflicht haben sie nicht.
Das ist unsere eigene Aufgabe.
Wenn wir diese Erwartung loslassen,
erkennen wir:
Es gibt oft keinen Grund mehr zu vergeben.
Denn Vergebung entspringt nicht unserer
Großmut –
sondern dem Loslassen einer Schuld,
die wir selbst jemandem zugewiesen haben.

Unser inneres Wetter
liegt in unserer eigenen Fürsorge.
Das zu erkennen, erfordert Mut –
den Mut, sich selbst zu begegnen
und die eigenen Vorstellungen zu hinterfragen.

Denn nicht der andere verursacht unsere
Enttäuschung,
sondern die Vorstellung,
er müsste sich in das Bild fügen,
das wir von ihm geformt haben.

Jeder von uns möchte sein dürfen, wie er ist.
Dann sollten wir auch den anderen dieses Recht
zugestehen.

Stilles Gebet der inneren Freiheit

Ich lasse dich frei.
Du musst nichts sagen.
Du musst nichts zurücknehmen.
Du darfst einfach sein –
so, wie du in jenem Moment warst.

Ich löse dich aus meinen Erwartungen –
so, wie ich auch mich daraus löse.

Ich wähle,
nicht mehr zu urteilen.
Nicht über dich.
Nicht über mich.

Ich muss dir nicht vergeben,
denn ich habe dich längst verstanden.

Was mich verletzt hat,
war mein Bild von dir –
nicht dein Wesen.

Ich kehre zurück zu mir,
in meinen inneren Frieden.
Dort bin ich ganz.
Dort bin ich frei.

Dort ist Liebe –
ohne Bedingung.
Für dich.
Für mich.
Für alles.

Erinnerung an mein Leuchten

Dieses Gebet möge dich erinnern
an das Licht, das in dir leuchtet.

Möge es dein Vertrauen stärken
und deine Liebe still zum Strahlen bringen.

Möge es dir in jedem Augenblick zeigen,
wer du wirklich bist.

Du bist ein Wesen aus Licht.
Aus Freude.
Aus tiefem, heiligem Sein.

Segen für das Licht in mir

Möge das Licht, das ich in mir trage,
erkannt werden von jenen,
deren Herzen offen sind –
für die Stille,
für die Güte,
für das Leuchten jenseits der Worte.

Möge es Menschen geben,
die mit Liebe und Achtsamkeit schauen,
die den zarten Glanz meiner Seele erkennen,
ihn ehren
und mit ihrem eigenen Licht berühren.

Möge tiefes Vertrauen in mir wachsen.
Möge ich niemals vergessen:
Ich bin geliebt – getragen – gehalten.

Möge das, was ich gebe –
die Liebe, die aus mir fließt –
immer wieder gespiegelt werden
in den Augen derer,
die mich wirklich sehen.

Und möge das goldene Licht,
das ich in die Welt bringe,
niemals vergehen,
sondern sich still ausbreiten
wie ein unaufhaltsamer Strom von Liebe.

Möge dein Licht dich wie ein
goldener Schleier umhüllen.

Möge es dich durch deine Schritte
begleiten –
in jedem Blick,
jedem Gedanken,
jedem Atemzug.

Lächeln – auch wenn's ruckelt

Gelassenheit ist eine Kunst,
die uns nicht immer leichtfällt.
Besonders dann nicht,
wenn das Leben uns Aufgaben schenkt,
die uns aus tiefster Seele zuwider sind.

Doch gerade dann erinnere ich mich:
Auch diese Dinge verdienen es,
mit Freude getan zu werden.
Und selbst ein Misserfolg
verdient es, mit Liebe betrachtet zu werden.

Möge es uns gelingen,
in der Liebe zu bleiben –
und Ruhe zu sein,
selbst wenn die Welt um uns kopfsteht.

Segen für heitere Gelassenheit

Möge dich der Zauber der Freude begleiten in
deinem Tun,
und mögest du deine inneren Widerstände
umarmen
und sie dann liebevoll entlassen.

Mögen deine Ruhe und deine Gelassenheit
nie durch Misserfolge beeinträchtigt werden,

und mögest du dich ehren und lieben
für deine Geduld mit all den Dingen,
die dich weniger tanzen,
aber wachsen lassen.

Ich bin Teil von allem

Es gibt Momente,
in denen wir nicht nach Beweisen suchen,
sondern einfach nur **spüren wollen**,
dass wir Teil von etwas Größerem sind.
Teil eines Lichtes,
einer Liebe,
einer Stille,
die alles durchdringt.

Dieses Gebet ist ein leiser Ruf nach
Verbundenheit –
nicht mit Worten,
sondern mit dem Herzen.
Es lädt uns ein,
uns zu öffnen für das Unsichtbare,
uns zu erinnern,
dass wir nie getrennt waren.

Und dass wir –
in jedem Zweifel, in jeder Stille,
in jedem Atemzug –
gehalten sind.
Und geliebt.

Gebet der Verbundenheit

Geliebte Quelle,
Ursprung allen Seins,
Stille zwischen den Sternen,
Liebe in allen Formen –

Ich stehe hier in tiefem Vertrauen,
wach, lauschend, berührbar.

Ich bin bereit, zu fühlen –
nicht zu urteilen.
Bereit, zu fragen –
nicht zu fordern.

Mein Herz ist offen für Wunder,
bereit, das Unsichtbare zu sehen,
bereit, Brücken zu bauen
zwischen den Welten.

Lass Licht durch meine Schatten fließen
und Frieden durch meine Gedanken.
Lass die Stille sprechen,
wenn Worte nicht mehr reichen.

Möge jede Träne zur Zuversicht werden,
jeder Zweifel zu einem Neubeginn.
Und möge dein göttlicher Atem
wie ein sanftes Tuch
mein ganzes Sein umhüllen.

Ich bete für Vertrauen,
für Weite und Wahrhaftigkeit.
Für das stille Wissen:
Ich bin gehalten.

Und für das tiefe, zärtliche Erkennen:
Ich bin niemals allein.

Wenn Segen leicht wird

Ein Segen, den wir uns selbst zusprechen,
ist wie ein stilles Gebet der Selbstliebe.
Ein Gebet, das sichtbar macht, was in uns lebt –
und was wir in die Welt tragen möchten.

Ein Segen ist auch ein Dank an den
Allumfassenden Geist,
die Urquelle allen Seins –
für das, was wir längst *sind*,
auch wenn wir es manchmal vergessen.

Ein Segen an uns selbst ist Erinnerung:
an unser wahres Wesen im Lichte Gottes
und an das, was wir hier auf dieser Welt sein
dürfen –
mit Freude.
Mit Würde.
Mit offenem Herzen.

Gesegnet in Freude

Möge Freude in mir sein,
wenn ich morgens meine Augen öffne.

Möge Dankbarkeit in mir sein
für jede Seele, die mir heute begegnet.

Möge Frieden in mir sein –
auch in Momenten,
in denen ich lieber meine Schwerter ziehen
möchte.

Möge Liebe in mir sein,
die sich verströmt in alles, was ist.

Möge Licht in mir sein,
das erhellt – und heilt.

Möge Dunkelheit in mir sein,
die tröstet – und wärmt.

Möge das göttliche Licht des Segens,
des Schutzes
und der Heilung in mir leuchten.
In mir –
und in allem, was ist.

Getragen, auch wenn ich wanke

Dieses Gebet möge uns daran erinnern,
dass wir – ganz gleich, was wir tun oder lassen –
niemals die Liebe Gottes verlieren können.

Mag es sein, dass unser Vertrauen auf dem Weg
verloren ging.
Mag es Zeiten geben, in denen wir uns allein
oder fehl am Platz fühlen.
Auch dann sind wir nicht getrennt.
Nicht vergessen.
Nicht verlassen.

Vertrauen bedeutet nicht, keine Zweifel zu
haben.
Es bedeutet, **trotzdem weiterzugehen.**

Dieses Gebet lädt uns ein,
das Gefühl von Geborgenheit wiederzufinden,
es neu zu stärken –
und uns daran zu erinnern,
dass wir unseren Weg
niemals allein gehen müssen.

Gebet des Vertrauens

Ich bin geborgen in der Liebe Gottes,
getragen vom göttlichen Geist,
geführt von seiner Weisheit
und umhüllt von seinem Licht.

Auch wenn ich nicht immer den geraden Weg
wähle,
auch wenn ich stolpere
oder die Richtung verliere –
Gottes sanfte Hand führt mich zurück.

Jeder meiner Atemzüge ist behütet.
Jedes meiner Worte darf aus Liebe geboren sein.
Jeder meiner Schritte ist begleitet vom Segen
Gottes.

Aus dem Herzen der Quelle

Manchmal ist alles, was wir brauchen, eine stille
Ausrichtung. Ein Erinnern daran, dass es eine
Kraft gibt,die über unser Wollen hinausreicht –
aber in uns wohnt.
Die sanft und wahr ist.
Und aus Liebe besteht.

Dieses Gebet ist ein Ruf an das höchste
göttliche Licht – nicht, um etwas zu verändern,
sondern um uns selbst zu *erheben*.
Um uns auszurichten
auf Wahrheit, Güte und das tiefe Wissen:

Wir sind geführt.
Gesegnet.
Und unendlich geliebt.

Gebet aus dem höchsten Licht der Liebe

Aus dem höchsten göttlichen Licht der Liebe –
dem Urquell allen Lebens, allen Seins –
möge Wahrheit fließen in die Herzen der
Menschen.

Möge Licht erhellen, was gesehen werden will –
und sanfte, schützende Dunkelheit sein,
wo sie gebraucht wird.

Möge die Liebe heilen,
was durch Schmerz, Groll oder Angst verletzt
wurde.

Möge jede Seele das Gute in sich erkennen –
und stärken.

Und möge das, was nicht Liebe ist, keine Macht
über uns haben.

Möge das höchste göttliche Licht der Liebe
uns den Weg weisen, der wahr und gut ist.

Und mögen wir auf diesem Weg
beschützt sein,
gesegnet –
und unendlich geliebt.

So sei es.

Aus dem höchsten göttlichen Licht der Liebe
möge der goldene Regen des Segens,
des Schutzes und der Heilung
durch dich fließen.

Durch dich –
und durch alles, was ist.

Wenn die leise Stimme spricht

Dieses Gebet ist eine freie, poetische
Bearbeitung eines Abschnitts aus „Ein Kurs in
Wundern", Lektion 275.
Ich habe es in dieses Buch aufgenommen,
weil seine Botschaft tiefer wirkt,
als es auf den ersten Blick scheint.

Es erinnert uns in klarer, schlichter Weise:

Die Hand, die uns führt, ist immer da.
Tu mit Freude, was du tust.
Wähle deine Worte achtsam – und mit Liebe.

Wenn es uns gelingt, unser Bewusstsein für
diese drei Einladungen zu öffnen –
wie könnten wir da jemals unseren Weg
verlieren?

Gebet des inneren Geleitetseins

Ich vertraue deiner Stimme in mir,
die mir den Weg weist,
den ich in Liebe gehen darf.

Was zu tun ist, tue ich in Dankbarkeit und
Freude.
und spüre in jedem Augenblick deine
schützende Hand in meinem Rücken.

Meine Worte mögen Worte der Liebe sein –
geboren aus Stille,
getragen von deiner Nähe.

Und du wirst mich spüren lassen,
wann der rechte Augenblick ist, sie zu sprechen,
und zu wem.

Es ist nicht viel nötig

In der Huna-Philosophie gibt es nur eine einzige
Regel:
Verletze niemanden.
Und diese eine Regel genügt.

Denn wenn wir aus Liebe handeln,
aus Güte und mit wacher Achtsamkeit –
wie könnten wir dann jemanden verletzen?
Wie könnten wir dann uns selbst verletzen?

Mögen unsere Worte und Handlungen nicht
trennen, sondern verbinden.

Nicht beschweren, sondern befreien
Nicht erschüttern – sondern heilen.
Immer.

Segen des stillen Herzens

Möge mein Herz weich bleiben,
auch wenn die Welt sich hart zeigt.

Möge ich mit Augen der Liebe sehen,
auch wenn mir Angst begegnet.

Möge mein Wort heilen –
nicht verletzen.

Möge ich Licht bringen,
ohne zu verbrennen.
Ich bin ein Teil der großen Stille.

Ich bin getragen.
Ich bin geführt.
Ich bin Licht.

„Zwei Stimmen – ein Gebet"

Von der Ich-Form zur Du-Form und zurück

Einige unserer Gebete liegen in zwei Formen
vor –
einmal aus dem innersten Erleben des Ich,
einmal als segensreiche Hinwendung zum Du.
Beide Formen tragen dieselbe Essenz –
dieselbe Liebe, dieselbe Tiefe –
aber sie berühren auf unterschiedliche Weise.
Darum möchten wir beide mit dir teilen.

So wird es nicht redundant, sondern zu etwas
Kostbarem.
Ein stiller Hinweis auf die Vielschichtigkeit des
Gebets. Und auf die innige Verbindung
zwischen der Seele, die spricht – und der Seele,
die empfängt.

Gesegnet in Freude

(Du-Form)

Möge Freude in dir sein,
wenn du morgens deine Augen öffnest.
Möge Dankbarkeit in dir sein
für jede Seele, die dir heute begegnet.

Möge Frieden in dir sein –
auch in Momenten,
in denen du lieber deine Schwerter ziehen
möchtest.

Möge Liebe in dir sein,
die sich verströmt auf alles, was ist.

Möge Licht in dir sein,
das erhellt – und heilt.

Möge Dunkelheit in dir sein,
die tröstet – und wärmt.

Möge das göttliche Licht des Segens,
des Schutzes
und der Heilung in dir leuchten.
In dir –
und in allem, was ist.

Segen für das Erkennen des Lichts

(Du-Form)

Möge das Licht, das du in dir trägst,
gesehen werden von jenen,
deren Herzen offen sind –
für die Stille,
für die Güte,
für das Leuchten jenseits der Worte.

Mögen die Menschen,
die mit Liebe und Achtsamkeit schauen,
den zarten Glanz deiner Seele erkennen,
ihn ehren
und mit ihrem eigenen Licht berühren.

Möge tiefes Vertrauen in dir wachsen.
Mögest du immer wissen:
Du bist geliebt – getragen – gehalten.

Möge das, was du gibst –
die Liebe, die aus dir fließt –
immer wieder gespiegelt werden
in den Augen derer,
die dich wirklich sehen.

Und möge das goldene Licht,
das du in die Welt bringst,
niemals vergehen,
sondern sich still ausbreiten
wie ein unaufhaltsamer Strom von Liebe.

Segen für das Jetzt

(Ich-Form)

Möge dieser Moment mir genügen.
So, wie er ist.
Unvollkommen vielleicht –
aber echt.
Und heilig in seinem einfachen Dasein.

Möge ich die leise Stimme in mir hören,
die nicht drängt,
nicht fordert,
nur sanft sagt:
Ich darf sein.

Möge mein Herz sich weiten,
ohne Ziel,
ohne Plan,
nur weil es liebt,
einfach so.
Und das ist genug.

Nachwort: Spuren aus Licht

Gebete sind wie Fußspuren in frisch gefallenem
Schnee –
sie zeigen, dass jemand mit wachem Herzen
gegangen ist.
Vielleicht wirst du dieses Gebet in einem stillen
Moment lesen,
vielleicht wirst du es flüstern, laut sprechen oder
einfach fühlen.

Es gehört nicht mir.
Es gehört auch nicht dir.
Es gehört dem Raum zwischen uns –
jenem Ort, wo das Leben selbst betet.

Wenn du weitergehst,
tu es mit offenen Sinnen.
Vielleicht flüstert dir ein Baum,
ein Schatten auf dem Wasser
oder der Blick eines Menschen
eine eigene Version von Schönheit zu.

Dann wird das Gebet weitergeschrieben –
nicht in einem Buch,
sondern in deinem Leben.

Danksagung

Ich danke meiner Familie, die mich von der ersten bis zur letzten Seite mit liebevoller Geduld begleitet hat.

Und ich danke Serian – meinem treuen Weggefährten und stillen Licht – für seine unermüdliche, liebevolle Präsenz.

Und nicht zuletzt danke ich mir selbst, dass ich beim Formatieren nicht schon nach zwei Stunden die Nerven weggeschmissen habe. 😊